15
마음씨 좋은 바우키스와 필레몬

주니어RHK

신화의 가치

신화는 한 민족의 기원이나 역사적 · 종교적 · 문화적 삶의 모습을 보여 주는 옛이야기입니다. 주로 신과 영웅에 관한 이야기가 많고, 오랫동안 입에서 입으로 전해 내려왔다는 특징이 있지요.

우리가 살펴볼 그리스 로마 신화는 고대 그리스와 로마에 전해 오는 신화와 전설을 한데 묶은 것입니다. 그리스 로마 신화는 고대의 삶을 엿보게 해 주는 문화유산일 뿐만 아니라, 세계 여러 나라의 문학과 미술에 큰 영향을 끼쳤습니다. 하지만 문화적 가치만큼이나 중요한 것이 또 있습니다. 오래된 옛이야기이면서도 거기에 담긴 교훈적 가치가 오늘날에도 여전히 쓸모 있고 중요하다는 사실입니다.

놀랍지 않나요? 수천 년 전의 이야기가 어떻게 과학 문명이 고도로 발달한 오늘날에도 통하는 것일까요? 그것은 바로 그리스 로마 신화에 나오는 신과 영웅의 모습이 오늘날 우리의 모습과 다르지 않기 때문입니다. 신들도 우리처럼 분노하고, 질투하고, 실수를 하지요. 그런 모습을 보면서 우리는 깔깔 웃거나 눈물을 흘리고, 교훈과 감동을 얻습니다. 우리가 그리스 로마 신화를 읽어야 하는 까닭이 바로 이것입니다.

신화의 세계로 떠날 여러분에게 한마디 덧붙이자면, 신화는 우리에게 끝없는 상상력을 요구한다는 점입니다. 신화 속에는 수많은 은유와 상징이 곳곳에 널려 있지요. 따라서 신화를 읽을 때에는 상상력을 최대한 발휘하여 신화 속에 숨겨진 의미를 찾고, 그것을 자기 나름대로 재해석하는 과정이 필요합니다. 이렇게 읽었을 때에야 비로소 여러분 앞에 놀라운 삶의 이야기가 펼쳐질 것입니다.

자, 그럼 흥미진진한 신화의 세계 속으로 함께 떠나 볼까요?

프리기아의 한 마을에 바우키스와 필레몬이라는
착하고 순수한 두 노인이 살고 있었습니다.
어느 날, 정체를 알 수 없는 두 사내가
이 노인 부부의 집을 찾아옵니다.
과연 노인 부부에게 어떤 일이 일어날까요?

주요 등장인물

⚜ 제우스 ⚜

올림포스 신들의 왕으로 하늘과 벼락의 신이에요.
헤르메스와 함께 프리기아의 한 마을을 방문했다가
마을 사람들로부터 푸대접을 받고 분노해요.

⚜ 헤르메스 ⚜

제우스의 아들로,
소식을 전하는 전령의 신이에요.
날개 달린 신발과 모자,
전령의 지팡이를 몸에 지닌 것이
특징이에요.

⚜ 바우키스 ⚜

프리기아 땅, 어느 마을에 사는
가난한 노인이에요. 남편 필레몬과 함께
다정하게 살아가던 중 제우스와
헤르메스가 방문하자 따뜻하게 대접해요.

⚜ 필레몬 ⚜

바우키스의 남편이에요. 마음씨가 착하고
인정이 많아서, 사람으로 위장한 제우스와
헤르메스를 바우키스와 함께 잘 대접해요.

1
바우키스와 필레몬

두 노인은 이제 표정만 봐도 서로를 이해했습니다.
열심히 일하는 서로의 등을 토닥여 주고,
밤에는 도란도란 낮에 있었던 일에 대해 이야기를 나눴습니다.
바우키스와 필레몬은 더할 나위 없이 행복했습니다.

프리기아 지방의 한 언덕에는 두 그루의 나무가 마치 한 그루처럼 마주 붙어 서 있습니다. 그 언덕에서 멀지 않은 곳에는 강이 하나 흐르고 있지요. 지금은 이따금 산새들이나 찾아오는 한적한 곳이지만 한때 사람들로 북적이던 곳이었습니다.

지난날 이곳은 날씨도 좋고 땅도 기름져서 사람들이 지내기에 퍽 알맞은 곳이었습니다. 여기저기에서 몰려든 사람들로 활기찬 마을을 이루었고, 거리도 붐볐습니다. 마을 사람들은 풍요로운 땅에서 거둔 곡식으로 넉넉하게 지낼 수 있었습니다.

프리기아 지방

프리기아는 아시아 서쪽 끝의 중부에서 서부에 걸쳐 있는 지역의 고대 이름이에요. 프리기아는 오늘날 터키의 고원 지대인 아나톨리아 지방에 속해요. 이곳은 그리스와 로마 신화의 배경으로 많이 등장한답니다.

하지만 재산이 점점 늘어날수록 사람들의 마음은 고약해져 갔습니다.

"흥, 이번에 옆집에서 밀을 우리보다 훨씬 많이 거뒀다는군. 무슨 수를 써야겠어."

"여보, 새로 이사 온 사람들이 자꾸 우리 땅을 넘보는 거 같아요. 너무 불안해요."

대문을 열어 놓고 지낼 정도로 순하던 마을 사람들은 하나둘 문을 걸어 잠그고, 집 주위에 울타리를 쳤습니다.

먹고도 남을 만큼의 음식이 창고에 쌓였지만 거기에 만족하지 않고 더 큰 부자가 되려고 서로 재물을 두고 다퉜습니다. 하지만 여전히 가난한 사람들도 있었습니다. 부자가 된 사람들은 가난한 사람들을 하인으로 부렸습니다. 하인들은 온종일 힘든 일을 해야 했습니다. 땅을 일구고, 집을 짓고, 음식을 만드는 모든 일이 그들의 몫이었습니다.

“게으른 것들! 더 열심히 일하란 말이다! 그럼 우리처럼 부자가 될 수 있어!”

부자들은 하인들을 마구 부렸습니다. 하지만 하인들은 가난에서 벗어나지 못 했습니다. 왜냐하면 부자들이 그들에게 주어야 할 *품삯을 제대로 주지 않았기 때문입니다. 하인들의 불만은 날로 커져 갔지만, 부자들은 먹고 노느라 바빴습니다.

한편 마을이 내려다보이는 야트막한 언덕의 초라한 집에서 사는 부부가 있었습니다. 그들은 하인이 아니었습니다. 그렇다고 하인을 두고 부리지도 않았습니다. 그들은 바로 마을에서 가장

*품삯 노동을 한 대가로 받는 돈이나 물건.

가난한 바우키스와 필레몬이었습니다. 비록 가난했지만 서로를 의지하며 열심히 살아가는 늙은 부부였습니다.

노예 제도

노예 제도는 오래전 세계 여러 나라에 있던 제도예요. 특히 고대 그리스와 로마에서는 이러한 노예 제도가 아주 흔했어요. 노예는 농업이나 광업 등 단순한 노동을 도맡아 했지만, 드물게 가정 교사를 하거나 공공 기관의 업무를 보기도 했어요. 주로 전쟁에서 진 나라의 사람들이 노예가 되었는데, 물건처럼 사고팔렸어요. 그래서 노예는 주인에게는 하나의 재산이나 마찬가지였답니다. 당시에는 노예를 같은 인간으로 생각하지 않고 물건처럼 여겼어요. 하지만 사회가 발전하고 변화함에 따라 노예 제도는 사라졌답니다.

바우키스와 필레몬은 오랜 세월을 함께한 부부였습니다. 둘은 젊어서부터 지금까지 늘 가난했습니다. 욕심을 부리지 않았기 때문이지요. 지붕을 받친 기둥은 금이 가서 당장이라도 내려앉을 것 같았고, *세간은 전부 금이 가거나 기우뚱한 것들뿐이었습니다. 하지만 이들은 가난을 부끄러워하거나 창피하게 여기지 않았습니다.

예전에 마을 사람들은 이 부부와 사이좋게 지냈습니다. 이따금 안부도 묻고 음식을 나눠 먹기도 했습니다. 하지만 언제부터인가 누더기 같은 옷을 입고 지내는 바우키스와 필레몬을 무시하기

*세간 집안 살림에 쓰는 온갖 물건.

시작했습니다. 급기야는 한 마을에서 지내는 것조차 부끄러워했습니다.

"흥, 냄새나는 지저분한 늙은이들 같으니라고."

"다른 마을로 내쫓아 버리든지 해야지."

하지만 바우키스와 필레몬은 사람들의 그런 차가운 시선에

신경 쓰지 않았습니다. 바우키스의 곁에는 필레몬이, 필레몬의 곁에는 바우키스가 언제나 함께 있었기 때문입니다.

두 노인은 이제 표정만 봐도 서로를 이해했습니다. 열심히 일하는 서로의 등을 토닥여 주고, 밤에는 도란도란 낮에 있었던 일에 대해 이야기를 나눴습니다. 그럴 때면 바우키스와 필레몬은 더할 나위 없이 행복했습니다.

하지만 그런 바우키스와 필레몬에게도 최근 걱정거리가 생겼습니다.

"여보, 요새 마을 사람들이 예전 같지가 않아요."

"그러게요. 오늘도 마을에서 또 싸움이 났다던데……."

두 노인은 서로를 바라보며 걱정스레 말했습니다.

친절하고 마음씨 좋았던 마을 사람들이 심술궂게 변해 버린 것이 안타까웠던 것입니다.

하지만 그럴수록 바우키스와 필레몬은 서로를 더욱 의지했습니다.

“지나치게 욕심 부리지 말고 마음에 여유를 가지고 살면 좋을 텐데…….”

“맞아요, 필레몬. 필요한 것만 지니고 살아도 이렇게 행복한데 말이에요.”

두 노인은 누가 먼저랄 것도 없이 온기 가득한 서로의 손을 꼭 붙잡았습니다.

2
두 나그네의 방문

사내는 문을 쿵쿵 두드렸습니다.

그러자 안쪽에서 누군가 투덜거리는 소리가 들렸습니다.

"이 밤중에 누구야, 대체……."

한편 어두워진 마을 입구에 초라한 *행색을 한 사내 두 사람이 나타났습니다. 그 둘은 멀리서 여행을 왔는지 무척 지쳐 보였습니다. 옷과 신발은 몹시 낡아서 차가운 밤공기를 막기에는 어설퍼 보였습니다.

두 사내는 배가 고픈지 얼굴을 찌푸리며 배를 움켜쥐었습니다. 그때 멀리서 불빛이 깜박이는 것이 보였습니다.

"저기 마을의 불빛이 보인다. 얼른 가 보자!"

두 사내는 발걸음을 *재촉해 커다란 대문 앞에 다다랐습니다.

"계십니까!"

*행색 겉으로 드러나는 차림이나 태도.
*재촉하다 어떤 일을 빨리 하도록 조르다.

두 사내 가운데 작은 사내가 외쳤습니다. 하지만 화려한 장식을 한 대문 너머에서는 아무런 대꾸도 들리지 않았습니다. 사내는 문을 쿵쿵 두드렸습니다. 그러자 안쪽에서 누군가 투덜거리는 소리가 들렸습니다.

"이 밤중에 누구야, 대체……."

이번에는 큰 사내가 목소리를 높였습니다.

"지나가는 나그네입니다. 밤이 늦어 그러는데 하룻밤 묵고 가게 해 주십시오."

그러자 문이 열리더니 한 남자가 고개를 삐죽 내밀었습니다. 문틈으로 맛있는 음식 냄새와 웃고 떠드는 사람들의 목소리가 새어 나왔습니다. 안에서는 주인으로 보이는 사람이 방금 구운 부드러운 양고기로 이제 막 저녁 식사를 할 참이었습니다.

대문 안쪽의 남자는 두 사내를 위아래로 훑어보았습니다. 그때 주인의 목소리가 들렸습니다.

“밖에 누구냐?”

“어디서 웬 거지가 찾아왔는데요.”

“그럼, 냉큼 문을 닫을 것이지 뭐 하는 거냐. 에잇, 재수 없어!”

“우리 주인장 말 들었지요? 험한 꼴 당하기 전에 이 집 주변에서 썩 사라지는 게 좋을 거요.”

‘쾅’ 하는 소리와 함께 대문이 굳게 닫혔습니다. 두 사내는 *어처구니없다는 듯 서로를 쳐다보았습니다.

*어처구니없다 일이 뜻밖이어서 기가 막히는 듯하다.

"헤르메스. 도대체 저들이 왜 이리 불친절한 것이냐."

"제우스 님. 저희가 아무래도 인정 사나운 집을 골랐나 봅니다. 다른 집으로 가 보지요."

사실 이 두 사내는 바로 제우스와 헤르메스였습니다. 올림포스를 다스리는 신들의 왕인 제우스가 전령의 신 헤르메스와 함께 사람으로 변장을 하고 몰래 이 마을을 찾았던 것입니다.

그 사실을 알 턱이 없는 사람들이 두 나그네를 *인정사정없이 내쫓았던 것이지요. 제우스와 헤르메스는 다른 집으로 발걸음을 옮겼습니다. 하지만 그 집 사람들도 제우스와 헤르메스를 내쫓았습니다. 그들의 행동은 하나같이 *무례하고 거칠며 사나웠습니다.

제우스와 헤르메스

헤르메스는 제우스와 마이아라는 요정 사이에서 태어난 아들로 제우스가 무척 사랑하는 아들이에요. 제우스에게는 헤르메스처럼 헤라가 낳지 않은 자식들이 많아요. 제우스는 그중에서도 헤르메스를 특히 아끼고 귀여워했답니다. 헤르메스는 제우스의 명령을 신과 인간에게 신속하게 전달하는 임무를 맡고 있어요. 그래서 제우스의 비서와 같은 역할을 담당하고 있답니다. 제우스의 명령을 받들기 때문에 신들 중에서 유일하게 저승을 드나들 수도 있어요.

*인정사정없이 무자비할 만큼 몹시 엄격하게. 인정을 베푸는 것도 없고 사정을 봐주는 것도 없다는 뜻에서 나온 말.
*무례하다 태도나 말에 예의가 없다.

"당장 꺼지지 못해!"

"여봐라, 당장 저 지저분한 녀석들을 멀리 내쫓아라!"

도움을 주기는커녕 욕설을 퍼붓는 사람도 있었습니다. 신들조차 두려워하는 제우스였지만, 이 마을 사람들에게는 호된 꼴을 당했습니다.

마을의 수많은 집을 돌아다녀도 어느 집 하나 이들을 따뜻이 맞아 주는 곳은 없었습니다. 대문조차 열어 주지 않는 집이 수두룩했습니다. 제우스와 헤르메스는 하염없이 마을을 떠돌았습니다. 마을을 지나던 사람들은 낯선 두 사내를 보고는 수군댔습니다.

"누구지? 처음 보는 사내들인데?"

"저 초라한 행색을 봐. 거지가 아니고 뭐겠어? 그나저나 오늘 밤 묵을 곳이 없어 돌아다니는 모양인데, 이 마을에서는 어림도 없지."

"그러게 말일세! 만약 우리 집에 온다면 냉큼 쫓아내야지."

제우스와 헤르메스의 귀에는 사람들이 심술궂게 속삭이는 이야기까지 다 들렸습니다.

"쌀쌀맞고 못된 놈들 같으니라고!"

제우스가 화가 단단히 난 것은 두말할 것도 없었습니다.

"사람들이 아무리 인정이 없어도 그렇지, 풍요로운 대지의 은혜를 듬뿍 받는 프리기아 땅의 사람들이 이 정도일 줄은 몰랐습니다."

헤르메스도 기가 막히기는 마찬가지였습니다.

제우스와 헤르메스는 어느덧 마을의 모든 집을 돌았습니다. 날개 없이 헤매고 다닌 터라 제아무리 신이라 하더라도 그만 지칠 대로 지치고 말았습니다.

나그네와 여행자들의 신 헤르메스

〈헤르메스〉 자코보산 소비노

헤르메스는 전령의 신이기도 하지만 나그네의 신이기도 해요. 한 곳에서 다른 곳으로 이동하는 나그네들을 보호하고 길도 안내해 준답니다. 그래서 엇갈린 길에는 헤르메스의 동상을 세워 놓기도 해요. 또 헤르메스는 죽은 자들의 영혼을 저승으로 안내하는 일도 맡고 있어요. 그래서 영혼의 안내자를 뜻하는 '프시코폼포스'라는 이름도 있답니다. 이렇게 나그네를 보호하는 신이 나그네가 되었을 때 사람들로부터 무시를 당하고 업신여김을 받으니, 얼마나 화가 났을까요?

그때 언덕 위에서 작은 불빛이 빛났습니다.

"제우스 님, 저기 언덕 위에도 집이 있네요. 마지막으로 저 집에 한번 가 볼까요?"

"낡아빠진 집이로군. 으리으리한 집들도 우릴 거들떠보지 않는데 저 집이라고 다르겠느냐."

제우스는 투덜거렸지만 그렇다고 해서 다른 뾰족한 수도 없었습니다. 둘은 지쳤지만 발걸음을 재촉하여 언덕을 오르기 시작했습니다.

3
언덕 위의 낡은 집

"헤르메스, 이 사람들은 왜 이리 친절한 게냐."

제우스가 노인의 눈길을 피해 헤르메스에게 속삭였습니다.

"그러게요, 제우스 님. 이 동네 사람들하고는 딴판인데요."

작고 낡은 집은 조용했습니다. 문 앞에 선 헤르메스는 잠시 *주저하다가 문을 두드렸습니다. 그러자 조금 후에 삐걱대며 나무 문이 열렸습니다.

"누구신지요?"

바우키스가 낯선 사람들을 올려다보며 물었습니다. 바우키스의 옆에는 작은 거위 한 마리가 푸드덕대며 나그네들을 맞았습니다.

"지나가는 나그네입니다. 밤이 깊었는데 하룻밤 묵을 수 있을까요?"

바우키스는 문을 활짝 열고 미소를 지으며 말했습니다.

"저런! 추운데 어서 들어오세요. 이봐요, 필레몬! 손님이 오셨어요!"

그러자 안에서 필레몬이 헐레벌떡 달려왔습니다.

"손님이라고요? 어서들 들어오세요."

헤르메스와 제우스는 갑작스러운 친절에 당황했습니다. 다른 집들과 마찬가지로 당연히 자신들을 쫓아낼 것이라고 생각했던 것입니다.

*주저하다 머뭇거리며 망설이다.

헤르메스와 제우스는 바우키스와 필레몬의 안내를 받으며 문 안으로 들어섰습니다. 하지만 문이 어찌나 낮은지 *공손히 인사를 하듯 허리를 굽혀야 간신히 들어갈 수 있었습니다.

집 안 역시 여유가 있어 보이지는 않았습니다.

바우키스는 오랜만에 찾아온 손님을 맞을 준비를 하느라 몹시 *분주하게 움직였습니다.

"깔개가 어디 갔지?"

바우키스는 평소에 깔지 않고 아껴 둔 따뜻하고 좋은 깔개를 찾아냈습니다. 필레몬은 손님을 위해 마련한 자리에 깔개를 깔고는

***공손하다** 말이나 행동이 겸손하고 예의 바르다.
***분주하다** 이리저리 바쁘고 수선스럽다.

헤르메스와 제우스에게 앉으라고 권했습니다.

손님들에게 자리를 내준 필레몬은 꺼져 있는 난로로 갔습니다. 나뭇잎과 나무껍질을 긁어모아 솔솔 불을 피웠습니다. 그 마른 나뭇잎은 더 추운 밤을 나기 위해 두 노인이 아껴 둔 것이 분명해 보였습니다.

'차가운 밤이슬을 맞고 얼마나 추웠을까!'

불을 지피는 필레몬의 손이 빠르게 움직였습니다. 바우키스는 그동안 부엌으로 갔습니다.

"식사도 못 하셨죠? 조금만 기다리세요."

바우키스는 필레몬이 밭에서 뽑아 온 채소를 다듬었습니다. 중요한 날 쓰려고 아껴 두었던 돼지고기 한 덩이도 숭숭 썰었습니다.

'늦은 시간까지 밥도 못 먹고 얼마나 배가 고팠을까!'

바우키스는 두 사내가 몹시 *애처롭게 느껴졌습니다.

바우키스가 부엌에서 분주히 움직이는 동안 필레몬은 난로에 물을 데웠습니다. 그리고 데운 물을 나무 대야에 듬뿍 담았습니다.

제우스와 헤르메스는 어리벙벙한 얼굴로 두 노인을 바라볼 뿐이었습니다.

*애처롭다 가엾고 불쌍하여 마음이 슬프다.

제우스와 헤르메스를 맞는 바우키스와 필레몬

〈필레몬과 바우키스의 집에 있는 제우스와 헤르메스〉 아담 엘스하이머

바우키스와 필레몬의 낡은 집을 찾은 제우스와 헤르메스의 모습이에요. 바우키스는 손님들이 편안한지 살피고 있는 것 같아요. 필레몬은 이제 막 데운 물을 대야에 담아 내오고 있어요. 낡고 허름한 집이지만 따뜻하고 아늑한 분위기가 느껴져요.

필레몬은 그런 제우스와 헤르메스 앞에 나무 대야를 내려놓고 무릎을 꿇었습니다.

"손님들, 간단하게나마 발을 씻고 피로를 좀 푸세요. 그리고 아무쪼록 마음 편히 쉬십시오."

제우스와 헤르메스는 필레몬이 가져다준 따뜻한 물이 담긴 나무 대야를 바라보았습니다.

"헤르메스, 이 사람들은 왜 이리 친절한 게냐."

제우스가 노인의 눈길을 피해 헤르메스에게 속삭였습니다.

"그러게요, 제우스 님. 이 동네 사람들하고는 *딴판인데요."

*딴판 전혀 다른 모습이나 태도.

진심이 담긴 눈빛으로 그들을 바라보는 필레몬을 슬쩍 곁눈질한 헤르메스도 고개를 갸우뚱거렸습니다.

“예전에는 프리기아 사람들이 얼마나 정성스럽게 신을 모시고 평화롭게 살았는지 소문이 올림포스에까지 자자했지. 그 시절과 비슷하구나.”

제우스는 한숨을 쉬었습니다. 그때 필레몬이 헤르메스에게 물었습니다.

“그런데 늦은 시간에 이 마을에는 어쩐 일입니까?”

“저희는 다른 곳으로 가려던 참이었어요. 마침 밤이 늦어 하룻밤 묵을 생각으로 우연히 이곳에 들른 것이지요. 그런데 저희에게 방 한 칸 내주는 집이 없더라고요."

헤르메스의 말에 필레몬의 얼굴빛이 어두워졌습니다.

필레몬은 마을 사람들이 두 나그네를 어떻게 대했을지 뻔히 보이는 것 같았습니다.

‘그럴 만도 하지. 손님들이 어떤 꼴을 당했을지 상상이 되는군. 휴, 사람들도 참 너무하지.’

필레몬은 자신이 죄를 지은 것처럼 부끄럽고 얼굴이 화끈거렸습니다.

“오늘 밤은 아무 걱정 마시고 저희 집에서 편히 쉬다 가세요.”

필레몬은 한없이 너그러운 목소리로 말했습니다.

필레몬의 말에 제우스와 헤르메스는 정말 마음이 편안해졌습니다.

4
맛있는 밥상

'배가 많이 고플 텐데 이를 어쩌나.'

바우키스의 얼굴을 살핀 필레몬도 곧 걱정이 되었습니다.

그 모습을 살피던 제우스는 식탁 위로 손을 뻗었습니다.

냄비가 보글보글 끓기 시작하자, 향긋한 냄새가 집 안에 퍼졌습니다. 필레몬은 식탁을 깨끗이 닦았습니다. 식탁은 다리 한 개가 다른 것들보다 짧아서 불안하게 기우뚱거렸습니다. 필레몬이 기와를 가져와 짧은 다리 밑에 괴자, 그제야 식탁이 평평하게 균형을 이루어 흔들리지 않았습니다.

필레몬은 미소를 지으며 바우키스가 준비한 올리브 열매와 새콤하게 절인 산딸기를 식탁에 올렸습니다. 하얀 치즈와 갓 구운 달걀, 김이 모락모락 나는 굵은 감자도 깨끗한 그릇에 담아 내왔습니다. 이 음식들은 하루하루 소박하게 식사하는 바우키스와

필레몬의 하루 먹을거리였습니다.

곧이어 먹음직스럽게 끓고 있는 국과 노릇하게 구워진 고기가 식탁에 올라왔습니다. 바우키스는 *입가심으로 먹을 사과와 꿀까지 내왔습니다.

*입가심 입안을 개운하게 가시어 냄.

"차린 게 별로 없어요. 부족하겠지만 이거라도 얼른 드세요."
바우키스는 부끄러워하며 손님들에게 식사를 권했습니다.
"부족하다니요! 충분합니다. 정말 맛있겠는데요!"
헤르메스는 짐짓 *호들갑을 떨며 숟가락을 들었습니다.
집 안에는 이따금 나무 그릇이 부딪히는 작은 소리와 포크 소리만이 들렸습니다. 조용하고 따뜻한 분위기에 제우스와 헤르메스는 지쳐 있던 몸과 마음이 회복되었습니다.

*호들갑 가볍고 야단스러운 말이나 행동.

게다가 바우키스가 준비한 음식은 무척 맛이 있었습니다. 비록 몇 가지 안 되는 재료였지만, 정성을 다해 조리한 덕분이었습니다. 바우키스와 필레몬은 둘이 먹던 식탁도 정겨웠지만, 오랜만에 손님들과 함께하자 무척 기뻤습니다.

"필레몬! 가서 포도주 좀 내와요. 손님들의 몸을 따뜻하게 하고 피로도 풀어 드려야겠어요!"

바우키스가 문득 생각난 듯 필레몬에게 말했습니다.

"그렇지! 잠깐 기다려요."

필레몬은 부엌에서 포도주를 가지고 왔습니다. 조금씩 아껴 마신 듯한 포도주의 마개를 따자 이내 향긋한 포도향이 퍼졌습니다. 제우스와 헤르메스는 두 노인의 마음 씀씀이에 깊이 감동했습니다. 바우키스와 필레몬의 얼굴에도 미소가 번졌습니다. 진심을 다해 손님을 대하는 행복하고 뿌듯한 미소였습니다.

제우스는 그런 두 노인을 주의 깊게 살펴보았습니다.

오늘날에도 즐겨 마시는 포도주

포도주는 옛날부터 아시아 서부에서 유럽에 이르기까지 많은 사람들이 즐기던 음료예요. 수확한 포도를 나무통에 넣고 물과 함께 숙성시키면 새콤하면서도 진한 포도향이 나는 포도주가 된답니다. 신화에서는 술의 신 디오니소스가 포도주를 다스리고 빚는 신으로 나와요. 여러 신화와 종교에서 성스러운 음료로 표현된답니다.

배가 고팠던 제우스와 헤르메스는 바우키스와 필레몬이 차려 준 음식을 깨끗이 먹어 치웠습니다.

빈 접시를 본 바우키스의 얼굴이 어두워졌습니다.

'배가 많이 고플 텐데 이를 어쩌나.'

바우키스의 얼굴을 살핀 필레몬도 곧 걱정이 되었습니다.

'우리야 늘 이렇게 적게 먹지만, 손님들은 모자랄 게 분명해. 먹을 게 더는 없는데…….'

그 모습을 살피던 제우스는 식탁 위로 손을 뻗었습니다.

그러자 텅텅 비어 있던 접시들은 어느새 음식들로 그득해졌습니다.

바우키스와 필레몬은 깜짝 놀랐습니다.

신화 뒷이야기
OLYMPUS GUARDIAN

제우스와 헤르메스가 찾아간 마을에는 바우키스와 필레몬이라는 두 노인이 살고 있었습니다. 두 노인은 젊어서 부부가 된 이래로 한 번도 떨어져 지낸 적 없이 서로를 의지하며 살아가고 있었지요. 두 노인은 격렬하게 사랑하는 것을 뛰어넘어 헌신적으로 서로를 돌보며 살았습니다.

고대 그리스의 희극 작가인 아리스토파네스는 아주 먼 옛날 인간은 머리가 두 개, 팔이 네 개, 다리가 네 개였다고 생각했습니다. 그들은 '남남족'과 '여여족', '남여족' 으로 나뉘어 있었는데 모두 영리하고 발이 빠르며 재주가 많았습니다. 이들은 자신들의 힘이 세지자 점차 신을 우습게 여기고 신의 말을 잘 따르지 않게 되었습니다. 그 모습에 분노한 제우스는 벼락을 던져 이들의 몸을 반으로 쪼개 놓습니다. 그래서 머리가 하나, 팔이 두 개, 다리가 두 개인 지금과 같은 인간의 모습이 된 것이지요.

원래는 한 몸이었다가 둘로 갈라지게 된 인간들은 그때부터 헤어진 자신의 반쪽을 찾아 헤매게 되었다고 합니다. 남자와 여자가 한 몸이었던 자들은, 남자는 여자를, 여자는 남자를 만나 사랑에 빠집니다. 또 남자와 남자, 여자와 여자가 한 몸이었던 자들은 자신과 같은 성을 만나 사랑에 빠진다는 이야기이지요. 이 이야기를 보노라면, 사랑하는 사람을 찾아 헤매는 것은 인간의 피할 수 없는 운명이라는 생각이 듭니다.

또 신처럼 언제까지나 영원히 살 수 있다면 사랑하는 사람과 함께하는 시간이 그렇게 소중하지는 않을 것입니다. 하지만 바우키스와 필레몬처럼 인간은 언젠가 늙고 죽을 수밖에 없기에, 사랑하는 사람과 함께하는 순간이 더욱 애틋하고 아름답게 느껴지는 것 같습니다.

올림포스 신들의 계보

크로노스 + 레아
하데스
지하 세계의 왕
포세이돈
바다의 신
제우스
신들의 왕
헤라
신들의 여왕,
제우스의 아내
헤스티아
난로 · 불의 여신
데메테르
대지의 여신
아테나
지혜 · 전쟁의 여신
제우스 + 메티스
아폴론
의술 · 음악의 신
제우스 + 레토
아르테미스
사냥 · 순결의 여신
아스클레피오스
의술의 신
아레스
전쟁의 신
제우스 + 헤라
헤파이스토스
대장간의 신
제우스 + 디오네
아프로디테
헤파이스토스의 아내,
미의 여신
에로스
사랑의 신
헤르메스
신들의 전령,
상업의 신
제우스 + 마이아
디오니소스
술의 신
제우스 + 세멜레
페르세포네
하데스의 아내
지하 세계의 여왕
제우스 + 데메테르

⚜ 그리스 로마 신화 주요 인물의 이름 ⚜

그리스 어	로마 어	영어
가이아	텔루스	
니케	빅토리아	나이키, 빅토리
데메테르	케레스	세레스
디오니소스	바쿠스	바커스
레아	키벨레	시벨레
아레스	마르스	마스
아르테미스	디아나	다이애나
아테나	아테네, 미네르바	
아폴론	아폴로	아폴로
아프로디테	베누스	비너스
에로스	쿠피드, 아모르	큐피드
오디세우스	울릭세스	율리시스
우라노스	카일루스	유러너스
제우스	유피테르	주피터
크로노스	사투르누스	새턴
페르세포네	프로세르피나	
포세이돈	넵투누스	넵튠
하데스	플루톤	플루토
헤라	유노	주노
헤라클레스	헤르쿨레스	허큘리스
헤르메스	메르쿠리우스	머큐리
헤스티아	베스타	
헤파이스토스	불카누스	벌컨

그리스 로마 신화 올림포스 가디언 15

마음씨 좋은 바우키스와 필레몬

펴낸이 양원석
펴낸곳 (주)알에이치코리아
등록 2004년 1월 15일 제2-3726호
주소 서울특별시 금천구 가산디지털2로 53, 20층 (한라시그마밸리)
문의전화 02)6443-8800

ISBN 978-89-255-4433-5(74800)
ISBN 978-89-255-4354-3(세트)

값 **12,800원**

원작 만화로 보는 그리스 로마 신화(가나출판사)
이광진 엮음, 홍은영 그림
명화 구입처 유로크레온(주)

※잘못된 책은 구입하신 곳에서 바꾸어 드립니다.
※책 모서리가 날카로워 다칠 수 있으니 사람을 향해 던지거나 떨어뜨리지 마십시오.